Spreuken

en het Chassinet-Versje

W.Bilderdijk

Spreuken

en het Chassinet-Versje

Opnieuw bewerkt met hedendaagse spelling

Messis is een imprint van Cardinia Ranges Publishing House.

Messis betekent "Oogst" in het Latijn. Het doel van Messis is de bevordering van christelijke werken in Europa in Europese talen anders dan het Engels tot inspiratie van een ieder om zijn of haar God-gegeven potentie te vervullen.

Cardinia Ranges Publishing House
Beaconsfield, Victoria 3807, Australia
cardiniaranges.com
info@cardiniaranges.com

Spreuken en het Chassinet-Versje
Eerste uitgave *Spreuken* 1823 door L. Herdingh en Zoon, Leiden
Eerste uitgave *Chassinet-Versje* 1826 door L. Herdingh en Zoon, Leiden
Copyright van deze bewerking ©2024 Cardinia Ranges Publishing House
Deze editie eerst uitgegeven 2024
Redactie en bewerking door Jozua van Otterloo, PhD

Illustratie op de kaft: Behangselschildering van een Hollands landschap door Jurriaan Andriessen, 1776; collectie en reproductie Rijksmuseum Amsterdam

Illustraties in het boek bladvignetten door Willem Bilderdijk, 1766–1785; collectie en reproductie Rijksmuseum Amsterdam

A catalogue record for this book is available from the National Library of Australia

ISBN: 978-1-922537-31-7 (gedrukte editie)
ISBN: 978-1-922537-33-1 (Mobi & Kindle editie)
ISBN: 978-1-922537-32-4 (EPUB editie)

Inhoud

Inleiding

Dit korte boekje is een rijke collectie van speelse spreuken en gezegden van Nederlandse bodem. Hoeveel er door de schrijver zelf zijn bedacht en hoeveel er zijn verzameld van andere bronnen, dat weten we eigenlijk niet. Wat we wel weten is dat ze allemaal tot een beter en edeler leven aansporen.

Dit werk was oorspronkelijk anoniem uitgegeven in 1823 en nog een keer in 1832. Daarna lijkt het verloren te zijn gegaan in de vergetelheid. Hoe kunnen we dan weten dat dit werk van de hand van Mr. Willem Bilderdijk was? We hebben drie redenen die dit voor ons aannemelijk maken.

Ten eerste is de manier van schrijven en dichten vergelijkbaar met al zijn andere werk. De meeste verzen zijn misschien korter, maar binnen het werk vinden we daar wel een reden voor zoals we verder uitleggen in deze inleiding. De spellingswijze in de oorspronkelijke uitgave en de formuleringen zijn duidelijk Bilderdijks.

De tweede reden heeft wederom te maken met die spellingswijze. In het Voorbericht meent de schrijver nog wel sceptisch te staan tegenover ene hoogleraar Siegenbeek en zijn spelling. Hij vond het alleen goed genoeg om de Siegenbeekse spelling voor de kinder-editie te gebruiken "om het vooroordeel en de hindernis tegen het meer algemeen gebruik dezer Zedelesjes...te vermijden", maar voor de editie die deel uit zou maken van zijn dichtcollectie hield hij liever aan zijn eigen spelling. Professor Siegenbeek was niemand anders dan degene die de eerste spellingsregels voor de Nederlandse eenheidstaal opstelde in 1806. Het was ook deze Siegenbeek met wie Bilderdijk overduidelijk overhooplag aangaande deze zelfde spellingsregels.

Als derde reden vinden we ditzelfde werk vermeld als één van Bilderdijks dichtwerken in 1857. *Bilderdijks Dichtwerken*, Deel 15[1], geeft ons de exacte publicatiegegevens en hetzelfde voorbericht als de eerste uitgave van dit werk. Vandaar dat we dit werk zeker als van de hand van Bilderdijk kunnen beschouwen.

---

[1] A.C Kruseman, Haarlem, 1859. Pagina 219.

Bilderdijk als anonieme vader

Waarom besloot Bilderdijk dan dit werk anoniem uit te geven? Het is allereerst voor hem niet geheel ongewoon om iets anoniem uit te geven. Daar zijn nog meer Bilderdijkse werken die zijn naam oorspronkelijk niet op de kaft hebben.

Ten tweede lezen we in het *Voorbericht* dat dit werk een compositie is van een anonieme vader en zijn zoon. In klassieke stijl instrueert de vader zijn zoon in de wijsheid, en hij geeft hem daarbij de opdracht alle spreuken op te schrijven als schrijfwerkoefening. Dit doet ons direct denken aan de *Disticha (Catonis)*, de collectie spreuken toegeschreven aan Cato. Deze collectie van spreuken was ook overgedragen van een wijze vader die zijn zoon instrueerde. Hoewel de wijze Cato de Oude door latere traditie is aangewezen als de schrijver van deze collectie, is het eigenlijk een anoniem werk uit de eerste eeuw na Christus[1].

Ten derde kunnen wij ons indenken hoe pijnlijk dit werk wel niet voor Bilderdijk geweest zou zijn. Als zijn *Voorbericht* volledig waar is, dan kunnen wij niets anders lezen dan dat hij schrijft

---

[1] S. Connolly, *Wisdom from Rome: Reading Roman Society and European Education in the Distichs of Cato.*, De Gruyter, Berlin, 2022.

over hoe hij zijn zoon alleen en afgezonderd had opgevoed "in een grote stad". Bilderdijk leefde voor een lange tijd in verbanning in het Duitse Brunswijk (1797–1806) terwijl zijn geliefde Katharina Wilhelmina Sweickhardt tot hun huwelijk in 1802 op toch wel een aantal uur reizen bij hem vandaan woonde. De eerste van zijn kinderen geboren uit deze relatie die oud genoeg werd om naar school toe te gaan, Julius Willem (1798–1818), groeide juist in deze tijd op.

Deze Julius zou uiteindelijk maar kort een volwassen leven lijden. Hij kwam om toen het schip waarop hij werkte verging in 1818. Het uitgeven van dit werkje in 1823, dat Bilderdijk samen geschreven zou hebben met zijn zoon, kan dan ook opgevat worden als een eerbetoon en vorm van rouwverwerking om deze verloren zoon.

Als anonieme vader kan hij zijn pijn openlijk delen en zijn zoon openlijk eren al is de naam van die zoon al zo vroeg van deze aardbodem verdwenen. Zodanig krijgen we, hetzij tussen de regels door, een ongewoon intieme inzage in Bilderdijk als liefhebbende vader, waar we hem normaal als literaire grootheid of sterke en gepassioneerde verdediger van het vaderland ontmoeten. Hoewel, we moeten daarbij wel opmerken dat hij zich achter zijn vrienden blijft verschuilen, zoals blijkt uit hoe hij zijn redenen in zijn Voorbericht presenteert aangaande de uitgave van dit boekje.

Bilderdijk als Cato van de Lage Landen

Zoals we net opmerkten, kunnen we een vergelijking maken tussen Bilderdijks *Spreuken* en de *Disticha Catonis*. Beide werken waren anoniem uitgegeven en beide presenteren wijsheden die de oudere generatie graag aan de jongere zou willen doorgeven. Als we verder kijken dan blijkt deze vergelijking niet terloops gebaseerd te zijn op algemene gemeenschappelijke eigenschappen, maar is het veel meer moedwillig.

Traditioneel sinds de Middeleeuwen is Cato de Oude (234–149 v. Chr.) aangewezen als de schrijver van de *Disticha*. Hoewel in recente jaren door menig deskundige is bewezen dat de *Disticha* waarschijnlijker een compositie van de eerste tot derde eeuw na Christus was, was in Bilderdijks tijd nog steeds de traditionele opvatting gangbaar.

Net als Cato de Oude, was Bilderdijk bekwaam in de Wet en de Literatuur, en was hij actief betrokken bij de ontwikkeling van taal en literatuur van zijn moedertaal. Waar Cato zich afzette tegen de vergrieksing van zijn Romeinse tijdgenoten en het Latijn promootte, zien we bij Bilderdijk een duidelijke voorkeur voor de Nederlandse taal tegenover andere Europese talen die hij weldegelijk machtig was. Ja, hij was zeer bekwaam in andere talen, vooral de klassieke zoals Cato's Latijn, maar hij richtte zich ook op een sterke Nederlandse literaire basis die niet langer hoefde te leunen op met name het Hoogduits, het latere moderne Duits.

In deze *Spreuken* zien we hoe Bilderdijk zijn werk spiegelde aan Cato's *Disticha*. Vele van zijn spreuken zijn eigenlijk als disticha geformuleerd: korte verzen van twee regels, oftewel coupletten. Opmerkelijk genoeg, een aantal van deze coupletten is ook met een hexameter gepresenteerd, waarbij iedere regel zes extra-beklemtoonde woorden of lettergrepen bevat. De Latijnse *Disticha* zijn ook geformuleerd in hexameter. Deze Latijnse hexameter verschilt wel van die van Bilderdijk, aangezien poëtische meter in Latijnse teksten wordt bereikt aan de hand van zes voeten, waar elke voet een variatie is van lange (open en gesloten) en korte lettergrepen, waar de Nederlandse meter vaak verkregen wordt door variatie in klemtonen.

Die *naar* | geen *wijs*|heid *tracht,*

Wordt o|ver*al* | ver*acht;*

Maar *hij* | die *vlij*|tig *leert,* | is

Wijd | en *zijd* | geëerd.

In andere gevallen wijkt Bilderdijk af van de typische hexameter, maar houdt hij vast aan de ritmische uitspraak typisch voor volkswijsheden. Samen met berijming in zowel klank als het aantal lettergrepen, creëert hij korte maar krachtige gezegden die gemakkelijk te onthouden zijn.

De *deugd* |

Ver*heugt.*

Lijd | en *mijd* |

t' Al|len *tijd.*

Hierbij moeten we ook opmerken dat in de vele handschriften (maar niet alle) van de *Disticha* korte, maar krachtige gezegden zijn opgenomen: de *breves sentientiae*. Het kan zijn dat Bilderdijk deze korte spreuken zo zou willen opvatten, maar daarover kunnen wij slecht speculeren.

Thema's in deze *Spreuken*

Ook qua inhoudelijke onderwerpen kunnen we deze *Spreuken* met de *Disticha* vergelijken. Beide leggen uit wat ware deugd is. Beide benadrukken de waarde van ware vriendschap.

Maar met deze thema's wijkt Bilderdijk ook weer van de *Disticha* af. Waar de *Disticha* deugd als een van de belangrijkste werken in een mensenleven zien, maakt Bilderdijk de deugd ondergeschikt aan godvruchtigheid. In de *Disticha* hangt de eer van een persoon af van hoe deugdelijk hij of zij leeft. In Bilderdijks *Spreuken*, daarentegen, vloeit in een mensenleven de deugd juist voort uit hoe veel eer men toewijst aan God.

> Geen deugd is deugd, geen plicht is plicht,
>
> Dan in den naam van God verricht.

Hetzelfde geldt voor het thema van vriendschap. Waar de *Disticha* evenredige verhandelingen in een vriendschap benadrukken ("voor wat, hoort wat"), legt Bilderdijk juist de nadruk op de Christelijke waarde van naastenliefde. De *Disticha* leggen daarnaast ook het belang uit van van het hooghouden van de persoonlijke eer, maar Bilderdijk legt juist uit dat

vergeving en verzoening belangrijker zijn dan
iemands trots.

> Vriendschap is het bedrieglijkst woord
> Ooit uit mensenmond gehoord.

> Liefde vulle uw hart geheel:
> Ieder mens behoort een deel.
> Allen bindt eenzelfde band,
> Elk is onze bloedverwant;
> Ieders welvaart, ieders pijn,
> Moet ons ook gevoelig zijn.

> Vergeef wie u beledigd heeft,
> Dat God ook u de schuld vergeeft.

Anders dan in de *Disticha*, neemt God zelf ook
een belangrijkere en actieve plaats in Bilderdijks
Spreuken. In de Latijnse spreuken is God (*of*:
zijn de goden) een passieve kracht op de achter-
grond. Het handelen van de mens staat centraal.

In deze *Spreuken* zien we nog steeds dat het
handelen van de mens centraal staat, zoals in
elk wijsheidsgeschrift, maar zien we ook God
actiever in het zegenen van mensen die het

juiste doen. En dit juiste doen is hier ook veel meer gericht op het brengen van eer aan God door zowel hem centraal te stellen in iemands leven en door naastenliefde te tonen. In dit opzicht is dit boekje dan ook veel meer vergelijkbaar met het Bijbelboek Spreuken.

Bilderdijks zelfportret

Dit kleine werk van Bilderdijk vertelt dus veel over Bilderdijk zelf alsmede wat hij ons wil onthouden. Bilderdijk was een diepgelovige man van de Gereformeerde traditie. Hij achtte die traditie en de wijsheid die het bevat dan ook als zeer belangrijk voor het geluk en de welvaart van de Nederlandse samenleving.

Daarnaast was hij ook zeer geleerd en begreep hij verschillende werken vanuit verschillende talen tot in detail. Hij was zeer bekwaam in het schrijven en spelen met taal, zowel in het Nederlands als in het Latijn. Hij benadrukte dat hij zowel de taal en omstandigheden van zijn volksgenoten begreep, alsmede het intellect en de wijsheid dat benadrukt werd in klassieke klanken.

Daarom, als eerbetoon aan deze grootheid van de moderne Nederlandse letterkunde en bewaker van het Nederlandse gedachtegoed in een almaar veranderende wereld, is in dit boekje ook Bilderdijks *Chassinet-versje* opgenomen. Dit kleine werkje schreef hij ter ere van de *dies natalis* van de Universiteit van Leiden en heeft hij opgesteld in zowel het Latijn als in het Nederlands.

Dit korte gedichtje laat zien hoe hoog Bilderdijk zowel het Huis van Oranje als de Universiteit van Leiden achtte. Beide worden als een weldaad gezien voor de gehele wereld. De Universiteit verspreidde het licht der waarheid onder de bewaking van het Huis van Oranje.

De tekstweergave in deze editie

Als laatste moeten wij opmerken, dat hoewel Bilderdijks Nederlandse schrijfwijze niet veel van het hedendaagse Nederlands verschilt, er in deze uitgave toch verschillen zijn met zijn originele spelling. We erkennen Bilderdijks trots op zijn eigen logische spellingswijze, maar wij stellen toch het belang van de hedendaagse lezer voorop. Om zijn gedachtegoed voor de hedendaagse lezer te bewaren en niet van de loop van de tekst af te leiden, is het hier opnieuw opgesteld volgens hedendaagse spellingsregels. Alleen waar de uitspraak van de tekst zou

veranderen, is Bilderdijks originele schrijfwijze
behouden, zoals bijvoorbeeld "vrind" in plaats
van "vriend" vanwege de berijming, of bijvoor-
beeld "eind'lijk" (spreek uit: "eindlijk") in plaats
van "eindelijk" vanwege het ritme en aantal let-
tergrepen.

Alle dubbele *o*'s (bijvoorbeeld "zoo") zijn, waar
ze niet in de huidige spelling toegepast worden,
vervangen door enkele ("zo"). Alle *y*'s zijn op
dezelfde wijze vervangen door *ij*. Soms zijn *g*'s
vervangen door *ch* en omgekeerd.

Oorspronkelijke uitdrukkingen en het gebruik
van naamvallen zijn volledig behouden. Deze
laten namelijk Bilderdijks bekwaamheid zien
in zijn taalgebruik en behouden de duidelijk-
heid van de tekst. Als men namelijk de naam-
vallen zou verwijderen, zouden bepaalde delen
van de tekst zodanig veranderd moeten worden
om aan de oorspronkelijke betekenis van een
zin te blijven vasthouden, dat Bilderdijks kunst
niet meer juist gepresenteerd zou worden.

Met deze inleiding hopen wij dat dit werk nog
lang tot vreugd mag blijven voor Nederlandsta-
lige lezers van compleet andere generaties dan
die van Bilderdijk en zijn tijdgenoten.

Jozua van Otterloo
Redacteur

Spreuken

Voorbericht

Een Vader, die als Geleerde en Dichter enigen naam gemaakt heeft, en met zijne Gade en enig Zoontje te midden ener grote Stad tamelijk afgezonderd leeft, vond eene aangename verpozing en plichtsvoldoening tevens in tot Schrijfmeester te strekken aan zijn kind. Als voorschriften van schrijven ontvloeiden hem ongevoelig deze zedelessen en leefregelen–éénvoudige en licht bevattelijke voorschriften van wijsheid en deugd. Zo schenen ze althans aan enige vrienden, die toevallig die schrijfboekjes onder de ogen kregen; en zij hielden gestadig aan, dat deze Spreuken bewaard en verzameld mochten worden, en tot uitgebreid nut (vleien zij zich) voor andere kinderen en huisgezinnen algemeen uitgegeven.

Toegevende aan dit verlangen, liet de Vader tot besluit der schrijflessen het knaapje deze opgaven uitzoeken en in een afzonderlijk boekje verzamelen – en zo had dan het tienjarig jongske een boek geschreven voor de drukpers.

Om het vooroordeel en de hindernis tegen het meer algemeen gebruik dezer Zedelesjes wegens de hem eigene spelling te vermijden, heeft de Opsteller vergund, dat in de kleinere, meer voor kinderen bestemde uitgave, Zetter en Corrector de spelling van den Hoogleraar Siegenbeek zouden in acht nemen. De Uitgever heeft verzocht ook enige exemplaren te mogen drukken in groot 8o, die bij 's Dichters overige werken konden gevoegd worden, en heeft daarin des zelfs eigene spelling behouden.– Meer was het niet nodig bij de uitgave van dit boekje te zeggen.

Spreuken

Beginselen

Een goed gehoorzaam kind
Wordt overal bemind;
Maar ongehoorzaamheid
Wordt vroeg of laat beschreid.

Oplettendheid is de eerste plicht
In alles wat men ook verricht.
Die naar geen wijsheid tracht,
Wordt overal veracht;
Maar hij die vlijtig leert, is
Wijd en zijd geëerd.

Geen groter plaag
Dan lui en traag.
Geen kwaad ontmoet
Die niet misdoet.

Een deugdzaam kind
Heeft elk te vrind.

Altijd zal hij domoor blijven,
Die niet lezen kan of schrijven.

Die werkt met lust,
Verlangt geen rust.

's Mensen lot
Komt van God.

Die zijn plicht
Wel verricht,
Zulk een kind
Wordt bemind.

Naarstigheid,
Met beleid,
Voert den mens
Naar zijn wens.

De deugd
Verheugt.

Lijd en mijd
t' Allen tijd.

Met lust verricht,
Is alle plicht
Den dader licht.

Wees bedacht op 't geen gij doet,
Of de zaak gaat vast niet goed.

Die vlijtig leert,
Wordt steeds geëerd.

Doet
Het goed
Laat
Het kwaad

Het aller dierbaarst goed
Is vrede van 't gemoed
In voor- en tegenspoed.
Wien God bewaart,
Zij nooit vervaard,
Maar steeds bedaard
In ramp en nood,
Hoe klein of groot.

Die lezen en goed schrijven kan,
Wordt eind'lijk een verstandig man.

De zot roemt op zijn eigen kracht;
De wijze steunt op 's Hemels macht.

Een goed begin
Is groot gewin;
En, geeft het eer,
't Belooft nog meer.

Wees wijs, en leer
Nog altijd meer.

't Zij voor- of tegenspoed,
Wat God ons geeft, is goed.

Gods engel houdt steeds wacht
Om die Gods wil betracht.

't Gebod van God bestaat alleen
In wel te doen aan iedereen.

Die zijn plicht
Wel verricht,
Vindt vermaak
In zijn taak.

Het deugdzaam kind,
Dat God bemind,
Heeft elk te vrind.

Schoolspreuken

Die wil leren en ook spelen,
Moet zijn dagwerk goed verdelen.

Altijd spelen
Zou vervelen;
Maar die blijken geeft van vlijt,
Mag ook spelen op zijn tijd,
En dan is hij dubbeld' blijd'.

De netheid is een groot sieraad
En meer dan pronk of overdaad.

Hetgeen zich slordig toont, misstaat;
De schoonheid woont bij regelmaat.

De tijd vliegt snel;
Gebruik hem wel.

Fenicië vond eerst de schrijfkunst uit,
Die woorden schept, ontbloot van het
spraakgeluid,
En d' ademklank, vervloten in den wind,
Met pen en inkt aan het wit papier
verbindt.

Al wie niet schrijven kan of lezen,
Zal bij geen mens in achting wezen.

't Wel besteden van den tijd
Is nog meer dan blinde vlijt.

Niet een ogenblik van 't leven
Wordt ons ooit weerom gegeven.
Die zijn tijd verwaarloosd heeft,
Voelt de spijt zolang hij leeft.

Elk uur verkwist, verkort ons 't leven
Dat ons tot weldoen werd gegeven.

Vraag nooit wat and'ren dunkt als recht,
Maar wat uw eigen hart u zegt.

Door vlijt verkrijgt men kundighe'en,
Maar wijsheid komt van God alleen.

Dit nooit om rijkdom, eer, of macht,
Maar wat u God het nuttigst acht.

De wijsheid van de deugd

De deugd
Verheugt,
Maar 't kwaad-
doen laat
('t Zij vroeg of spa,)
Nooit anders na,
Dan zelfberouw
En smart
In 't hart,
Zijn plichten ongetrouw.

De wijsheid is de grootste schat
Van alles wat deze aard bevat.

De weldaad, welk een hand haar gaf,
Daalt altijd van Gods goedheid af.

Het oog van hem die alles ziet,
Ontvlucht men zelfs in 't duister niet.

Geen deugd is deugd, geen plicht is plicht,
Dan in den naam van God verricht.

De weldaad die men and'ren doet,
Stort God den dader in 't gemoed.

Wat gij ziet,
Volg het niet
Zonder kennis of de daad
Goed en plichtig zij of kwaad.

Vertel niet voort
Al wat gij hoort:
Want onbedachte praat
Doet al te dikwijls kwaad.

Alle dagen
brengen plagen
En verdriet;
Maar in 't leven
Na ons sneven,
Kent men 't niet.

Het grootst gebod
Is zucht tot God,
En dit houdt in,
De broedermin.

Bij 't welbesteden van den tijd,
Verkrijgt men alles door zijn vlijt.

De tijd is boven alles vlug,
En vrucht'loos roept men hem terug.
Die altijd oplet wat hij doet,
Verricht ook alles even goed.
Niet leren maar gedurig spelen
Loopt eind'lijk uit op zelfvervelen.

De dwaasheid van ondeugd

Hij blust
De lust,
Die meer verlangt,
Dan 't geen aan iemands krachten hangt.

De haast
Verdwaast,
Bedaard van geest,
Spoedt altijd meest.
Te vroeg, te laat,
Is beide kwaad.

Die 't kwaad zich schaamt,
Doet wat betaamt.

Verdiende smart
Valt dubbeld' hard.

't Allerkostelijkst is de tijd
Dien men roekeloos verslijt,
Want men is hem eeuwig kwijt.

De hoogmoed is het eerste kwaad,
En wordt van God en mens gehaat.

Begeerlijkheid,
Die 't hart misleidt,
Moet door 't verstand
Geleid aan band.

Begeerlijkheid wordt nooit verzaad,
Wanneer men ze eenmaal wort'len laat.

De vlijt ligt niet in haastigheid,
Maar paart met werklust en beleid.

Leerzaamheid

De braafheid is haar eigen loon,
En beter dan een koningskroon.

Bid God bij alles wat gij doet,
Zijn zegen slechts maakt alles goed.

Een goede hand'ling van de pen
Is van het nuttigst dat ik ken.

Dank steeds uw God
Voor elk genot;
't Wordt al tot leed
Voor die 't vergeet.

Die niet schrijven kan of lezen,
Is een ongelukkig wezen.

Wat iemand jong verzuimt te leren,
Dat moet hij levenslang ontberen.

Het geld is niet dan slijk der aarde,
Maar 't wel gebruiken geeft het waarde.

Maak nimmer rekening op 't verstand,
Want God heeft de uitkomst in zijn hand.

Veracht nooit mensen, arm of rijk:
Voor het oog van God is elk gelijk.

Die op zijn eigenwijsheid roemt,
Wordt overal een zot genoemd.

Geen zot, hoe ledig ook van hoofd,
Die niet zich zelven wijs gelooft.

Die God oprecht in het hart bemint,
Is altijd ook een mensenvrind.

Wens nooit uw evenmensen kwaad,
Al waart gij 't voorwerp van hun haat.

Die altijd op zijn Heiland ziet,
Zal nooit bezwijken in 't verdriet.

Wat is naarstigheid en vlijt?
't Wel besteden van den tijd.

Die zijn jeugd verwaarloosd heeft,
Voelt berouw zolang hij leeft.

De tijd gaat voort bij dag en nacht;
Dus neem hem altijd wel in acht.

Godvruchtigheid

De liefde tot zijn plicht
Maakt allen arbeid licht.

God straft niet slechts een boze daad,
Maar ook de boze lust tot kwaad.

Wat weldaad God den sterveling gaf,
Het misbruik maakt het hem tot straf.

Bedenk bij al hetgeen gij doet,
Wat uit uw daden volgen moet.

Wie God betrouwt, dien deert geen
kwaad:
Hij is der braven toeverlaat.

Niets is bedekt voor Gods gezicht;
Voor hem is alles even licht.

Wees nooit bekommerd in gevaren:
God zal de zijnen steeds bewaren.

Die God oprecht en trouw bemint,
Is jegens ieder wel gezind.

Wat iemand doe, 't is tijd verkwist,
Indien men vlijt of aandacht mist.

Wat is dankbaarheid tot God?
Vergenoegdheid met ons lot.

Heb bovenal de waarheid lief:
Die liegt is slimmer dan een dief.

Die God bemint,
Is braaf gezind,
En is zijn vijand zelf tot vrind.

De dief en logenaar
Zijn altijd in gevaar
Van schandelijk achterhalen;
En, loopt het gunstigst af,
Toch moeten zij de straf
Door stagen angst betalen.

Het oog van Hem die alles ziet,
Ontschuilt men zelfs in 't duister niet.

Ondankbaarheid is 't grootste kwaad
Van alles wat een mens begaat,
En draagt ook d' algemenen haat.

Voor vlijt wordt alle dingen verkregen,
Maar wijsheid hangt aan 's Hemels zegen.

Geen mens, die zo zichzelf bemint,
Als God een onverbasterd kind.

Geef ieder dag een nieuwen blijk,
Van lust en vord'ring te gelijk.

Al vorderend van trap tot trap,
Bereikt men kunst en wetenschap.

Door vlijt ontwikkelt zich de geest,
Maar traagheid maakt den mens tot beest.

Een logen tot verschoon van 't kwaad
Is nog veel strafb'rer dan de daad.

Hetgeen de maat,
Te buiten gaat,
Is altijd kwaad,
Als overdaad.

Nooit moet ge uw drift den teugel vieren,
De reden moet ons doen bestieren.

Geen goed is 't wat men ooit verricht,
Tenzij uit liefde tot zijn plicht.

Ontzie eens anders eigen zin;
Maar willig d' uwen nooit iets in.

De vrouw, den grijze, en 't hulpeloos
wicht,
Is ieder schuts en dienst verplicht.

Wees elk toegevend, waar gij zijt;
Maar nooit als 't met uw plichten strijdt.

Die de inspraak opvolgt van 't geweten,
Mog' nooit bij God misdadig heten!
Maar bid tot God dat hij het verlicht',
Om niet te struik'len in uw plicht.

Laat niets op aard u ooit verleiden,
Om van het pad der deugd te scheiden.

Geloof geen mens oprechtgezind,
Dan die zijn Heiland recht bemind.

Bekreun u mensengunst noch haat:
Wien God bemint, dien deert geen
kwaad.

Die zich een misdaad is bewust,
Leeft al zijn dagen ongerust.

Rijkdom, gunst en zegen

Geen rijkdom geeft een mens waardij;
Maar Godsdienst, van vertoning vrij.

De lof van mensen is wel zoet;
Doch meer, de vrede van 't gemoed.

Wat kommer ooit ons hart beklemt;
Door God is de uitkomst voorbestemd.

Die Gods Voorzienigheid erkent,
Is dankbaar, hoe het lot zich wend'.

Toon vlijt, en neem uw plicht in acht,
Indien gij 's Hemels zegen wacht.

Deel and'ren van uw welvaart mee,
En wees gevoelig voor hun wee.

Stel nooit een plicht of weldaad uit,
Maar doe ook wat uw hart besluit.

Die zijn naasten niet bemint,
Heeft ook Jezus niet tot vrind.

Geen rijkdom schut ons voor het graf;
Geen wijsheid, voor den bedelstaf.

Alleen de vrije gunst van God
Beschikt van heel het mens'lijk lot.

Bedenk aleer gij iets bestaat,
Wat de uitkomst zijn zal van de daad.

Maar aarzel, Als de plicht gebiedt,
Ook zelfs voor de ak'ligste uitkomst niet.

Die Jezus' wederkomst verbeidt,
Wordt door geen aardse zucht verleidt.

Veracht wat schatbaar zij of groot,
Voor het deel aan Jezus' offerdood.

Wat open of bedekt geschied,
't Is God die alle dingen ziet.

Bid God om 't u bescheiden deel:
Van weinig maakt Zijn zegen veel.

Versmaad
Geen raad;
Maar doe den plicht,
Die op u ligt.

Leer vlijtig. Die niet gaarne leert,
Wordt nooit van enig mens geëerd.

Geef ieder ding zijn vasten tijd,
Dat u geen ogenblik ontglijd'.

Doe niemand nadeel of verdriet,
Maar het geen gij wenst dat u geschied'.

Als iemand zich te buiten gaat,
't Berouw volgt altijd op de daad.

Acht niets op aard als eigendom:
God eist het, vroeg of laat, weerom.

Aan God behoort de straf van 't kwaad;
Den mens betaamt noch wraak noch haat.

Die God zijn hart geheiligd heeft
Gaat stoorloos naar het graf,
Want de Engel die zijn hoofd omzweeft
Weert alle rampen af.

Wees nooit verslagen onder 't leed;
God heeft altijd zijn hulp gereed.

Vergeet zo iemand u misdoet;
Maar denk steeds aan 't genoten goed.

Verdartel nooit wat God uw gaf:
Door 't misbruik wordt het ons ter straf.

Veracht geen sterv'ling, arm of rijk;
Voor God is al wie leeft, gelijk.

Van God is Welvaart, Wijsheid, Deugd,
Uit Hem alleen stroomt ware Vreugd.

't Zij God u veel of weinig gaf,
Sta wat gij kunt uw naasten af.

Weldadigheid heeft groter zoet
Dan al 't genot van d' overvloed.

Aanbid en dank ten allen tijd,
Het zij God zegent of kastijdt.

Wijsheid van de sterfelijkheid

Niets legt de mens in het graf
Dan 't grove lichaam af.

Al rot het lijf in 's aardrijks schoot,
De ziel blijft leven na den dood.

Het leven is een zware plicht,
En doorgaans acht men 't veel te licht;
Maar 't sterven, schoon men 't meestal
vreest,
Is blijde ontslaking van den Geest.

Die God zijn schuld oprecht belijdt,
Dien scheldt hij die genadig kwijt:
Want Jezus' schuld'loos offerbloed
Heeft voor ons aller schuld geboet.

Wat is hem de aarde of 't aardse schoon,
Wien God den hemel geeft ter woon?

Wij staan ter Hemelreis gereed;
Wat geven we om kortstondig leed.

Hoe smak'loos wordt al de aardse vreugd,
Als 't hart zich in zijn God verheugt!

Al 't aardse goed is kort van duur,
En 't maakt den weg ten hemel zuur.

Neem lief en leed zo God het voeg':
Aan Jezus heeft het hard genoeg.

Wees vlijtig: de arbeid heeft een lust,
Den tragen vadzige onbewust.

Neem elken dag zowel in acht,
Als iemand die geen morgen wacht.

Hecht nooit uw hart aan tijdverdrijf;
Maar denk aan 't Hemelse verblijf.

In vreugde en pijn, in zuur en zoet,
Bewijst zich de Almacht even goed.

De dood is één der Hemelboden,
En voert ons bij Gods disgenoden.

Hij vreest voor 't uur van sterven niet,
Die steeds op Gods beloften ziet.

Nooit wordt er reine vreugd gesmaakt
Waar de inspraak van het hart ze wraakt.

Al ziet de dood er lelijk uit,
Daar vaart geen andere Hemelschuit.

Maar bang te wezen voor zijn grins
Is dwaas, en erger nog dan kinds.

Want, zien wij slechts naar de overkant,
Daar reikt ons Jezus zelf de hand.

Denk steeds bij ziel- of zingenot:
Dit is me een weldaad van mijn God.

Verricht
uw plicht
Met ernst en vreugd,
In God verheugd;
Maar acht
Geen kracht
In mensendeugd.

God geeft

Wat leeft

Het goed,

En stort

Waar 't schort

Aan macht,

Zijn kracht

In 't nederig gemoed.

Ware godsdienst

Houd steeds uw driften in den band,
En wantrouw tevens uw verstand.

Doe het goed,
En laat
Het kwaad:
Want deugd
Verheugt
't Gemoed.

Geen ding geschiedt ooit bij geval;
De wil van God bestemt het al.

Wel te doen, is nog geen deugd
Die eens Christens hart verheugt;
Maar–om Jezus, wel te doen,
In erkent'nis van zijn zoen.

Iedereen draagt zijn gebrek
In een brood korf op zijn nek;
Daarom kan hij 't zelf niet zien,
Maar hij toont het andere lie'n;
En de man die achter gaat
Ziet altijd des voorsten kwaad.
Daarom leer omzichtigheid,
Hoor wat ieder van u zeit.

Die wijs is in zijn eigen ogen,
Wordt in zijn mening meest bedrogen.

Vrees nooit, in welk gevaar het zij:
Want God is t' onzer hulp nabij.

De zoetste balsem aller smart
Is de onschuld van het lijdend hart.

Voor die zich zelven iets verwijt
Is 't leven alle vreugde kwijt.

Die de onschuld van zijn hart bewaart,
Geniet een hemelvreugd op aard.

De arbeid valt ons altijd licht,
Dien men liefheeft als zijn plicht.

Geleerdheid is een groot genot;
Maar echte wijsheid komt van God.

De kunstbekwaamheid van de hand
Vereist ook de oef'ning van 't verstand.

De waarde die ons weten heeft,
Is die er ons gebruik aan geeft.

Die God erkent als 't hoogste goed,
Verlangt op aard geen overvloed.

Wees in geluk en tegenheden
Met al wat God u geeft, tevreden:
Wat uit de hand der Godheid vliet,
Is weldaad, al begrijpt men 't niet.

Wat iemand goeds of loflijks doe,
Aan de Almacht komt de glorie toe.

Daar is noch vreugd,
Noch ware deugd,
In wel te doen;
Ten zij verricht
In 't toeverzicht
Op Jezus' zoen.

Wijsheid in omgang met mensen

Men ziet het beste en keurt het goed;
Maar stoot het echter met den voet.

Vriendschap is het bedrieglijkst woord
Ooit uit mensenmond gehoord.

Liefde vulle uw hart geheel:
Ieder mens behoort een deel.
Allen bindt eenzelfde band,
Elk is onze bloedverwant;
Ieders welvaart, ieders pijn,
Moet ons ook gevoelig zijn.

Vergeef wie u beledigd heeft,
Dat God ook u de schuld vergeeft.

God eist iedere rek'ning af
Van hetgeen hij ieder gaf.
Zalig, die dit nooit vergeet,
Maar Gods giften wel besteed!

Wien God een ogenblik verlaat,
Die mens vervalt tot alle kwaad;

Versmaad dus niemand die misdoet,
Maar bid dat u Gods geest behoed'.

Of doe of wens een ander niet,
Dan 't geen gij wenst dat u geschied'.

Haat niemand. Die den Vader mint,
Bewijst ook goedheid aan zijn kind,
En, die het kind veracht of smaadt,
Verdient daarmee des Vaders haat.

Wat aan zijn kinders wordt misdaan,
Trekt God zich ook als Vader aan.

Verlang niet meer dan God u geeft:
Hij weet wat ieder nodig heeft.

Betrouw op God en doe uw plicht,
Zo vallen alle dingen licht.

Denk in alles wat geschied':
God verlaat de zijnen niet.

Als God aan 't kind zijn Vader neemt,
Dan wordt het heel de wereld vreemd;
Maar Hij geleidt het op zijn baan,
En neemt het zelf als Vader aan;
En oud'ren zielzucht voor hun kind
Verhoort de beste kindervrind.
Erken dien Vader, dierbaar kroost,
Bij Hem is bijstand, redding, troost.

Aanmoediging tot wijsheid

58

Geleerdheid is een grote stut;
Maar Wijsheid maakt haar slechts van
nut.

Zo iemand deugd of wijsheid heeft,
Het is Gods goedheid die ze geeft.

De Vreugd
Der jeugd
Verdwijnt weldra;
Maar zielsgeneugt
Van ware deugd
Duurt vroeg en spa.

's Mensen Lot
Komt van God;
Draag het niet
Met verdriet,
Maar vernoegd
Hoe Hij 't voegt.

Het hoogste goed
Schuilt in 't gemoed,
Maar 't aardse slijk
Maakt niemand rijk.

Bij de Jeugd
Past de vreugd;
Maar bij Grijsheid
Strenge wijsheid,
Vaste deugd.

Die zonder God de wijsheid zoekt,
Wordt door zijn eigen waan vervloekt.

Hoor de roepstem van 't geweten;
En, (wat and'ren zich vermeten)
Wijk geen strobreed van uw plicht,
Maar houd de Almacht in 't gezicht.

Neem nooit Mensen tot uw voorbeeld;
Maar die Wet, waar God naar oordeelt.

Een braaf en schuldeloos gedrag
Wint bij de boosheid zelf ontzag.

Die zich op zichzelf verlaat
In verlokking tot het kwaad,
En geen toevlucht neemt tot God,
Wordt voor zeker tot een spot.

Alle hoogmoed wordt verne'erd,
Wijl hij schaamt'loos God trotseert.

't Is de ware wijsheid niet,
Die op aardse schatten ziet;
't Is ook niet het ware goed,
Dat men om de glorie doet.

Alle dingen in 't Heelal
Hangen aan het los geval;
Daar zijn uitzicht op te stellen,
Is een greep naar waterbellen.

Vest op God alleen uw hoop:
Hij bestuurt des werelds loop,
En zijn wijze wil geschiedt;
Maar de mens doordringt het niet.

Zo een mens verstandig denkt,
't Is Gods almacht die hem schenkt.

Alle lust en wil tot goed
Stort Gods Geest ons In het gemoed.

Weinig zegt een goede daad,
Zo zij niet uit god ontstaat.

Die vasthoudt aan het oprechte geloof,
Vindt voor zijn smeken God niet doof;
Maar God verhoort de bede niet,
Dan die in Jezus' naam geschiedt.

Vlied alles wat door 't aards genot
Uw hart verwijd'ren zou van God.

Schuw ontucht, traagheid, overdaad:
Zij zijn de bron van alle kwaad.

Begeeft ge u roekeloos in den nood,
Of stelt ge u aan verleiding bloot,
Zo beef dat Hij u niet verlaat
Die 't menselijk vermeten haat.

Geen rijkdom geeft ons waar genot,
Maar wel de dankbaarheid aan God.

Heel het mensdom is enig Huisgezin,
En elk heeft recht op onze Broedermin.

Beklaag wie wijs gelooft te zijn:
`Want 's mensen wijsheid is slechts ijdel-
heid en schijn.

Kort is 't leven,
Ons gegeven;
Daarom neem het wel in acht:
Want het heden te verlengen,
Of het gister weer te brengen,
Staat niet in des mensen macht;
En het morgen
Is verborgen
In een ondoorzichtigb're nacht.

God geeft en neemt ons het geld en goed,
En ook 't verstand, naar zijn vrijmachtig
welbehagen.
Dus kweek geen trotsheid in 't gemoed,
Deel d' armen van uw overvloed,
Verschoon wie onbedacht misdoet,
En leer den dwaas verdragen.

Geen waarheid is in mensen boeken,
Maar in Gods Heilig Woord te zoeken.

Geleerd of wijs zijn scheelt nog veel,
Doch Godsvrucht is het beste deel.

Geniet o jong'ling 't heil der jeugd;
Ook zij houdt Hemelse geneugt';
Bij het hart, in dank tot God gericht,
Is 't leven smaken, Christenplicht:
Maar zoek op aard geen waar genot,
Dan, in die dankbaarheid aan God.

Wees in al hetgeen gij doet of zegt,
Als voor Gods aangezicht, oprecht.

Misken in 't geen op aard geschiedt,
Gods wil, als de opperste oorzaak, niet.

Wees onder 't leed niet ongeduldig:
Aan God zijn we onderwerping schuldig.

Verbloem de reine de waarheid nooit:
Het vuil blijft vuil, hoe fraai men het
plooit.

Gevaren, Als de plicht gebiedt,
Bestaan voor d' echten Christen niet.

Bij het schuldverheel van mensenwaan,
Kan Gods vergeving niet bestaan,
En neemt geen zondig hart haar aan.

Kweek wrok nog gramschap in 't gemoed;
Maar denk, elk ogenblik,
Hoeveel gij jegens God misdoet,
En zeg, bij het opgewelde bloed:
"Geen schuldiger dan ik."

Neem ieder ogenblik in acht,
als die uws Heilands weer komst wacht.

Mistrouw den God niet, die u schiep,
Tot eeuwigen gelukstaat riep,
Uw zonden kwijtschold uit genade:
Hij die voor u de schuld voldeed,
Om u den vloek der zonde leed,
Hij slaat u steeds liefdadig gade.

Hetzij u vreugd of leed ontmoet,
't Is heilgaaf uit de bron van goed.

Droef of blij, gezond of krank,
geef den goeden Vader dank:
Ramp en geest- of lichaamspijn
Is des levens medicijn.

In de blijdschap en 't genot
Voelen wij de gaaf van God:
Voor die giften danken wij;
Doen wij het ook voor de artsenij!

Het eind waartoe wij 't licht ontvingen,
Bestaat in geen gangb're dingen.
Neen, heffen wij en oog en hand
Naar God en 't Hemels Vaderland.

Morgengebed

Ontvang in dezen morgenstond
O God, den dank uit onzen mond,
En heilig u ons hart daarnevens!
Bewaar, geleid ons heel den dag,
In rein en kinderlijk ontzag,
Op 't echte wandelpad des levens!
Geef liefde en zucht voor elken plicht;
Laat al wat onze hand verricht,
Uw eer en 's naasten heil bedoelen;
En vergewis ons t' allen tijd,
Dat Gij-alleen de toevlucht zijt,
Wiens troost we in vreugd en smart gevoelen.
Verleen ons dit, om 't heilig bloed,
Dat voor ons misdrijf heeft geboet!

Avondgebed

Hoor, Beschikker van ons lot,
Schepper, Heiland, Trooster, God,
Onze hartedank en beden
Bij het einden van den dag
Die ons oog verdwijnen zag
Met zijn vreugd en bitterheden!
Blijf ons in dit duister bij;
Dat de rust ons zegen zij,
Om bemoedigd op te rijzen
In vernieuwde lust en kracht,
Om uw goedheid, wijsheid, macht,
Door gedrag en mond te prijzen!
Schenk ons dit om 't heilig bloed,
Dat ons misdrijf heeft geboet!

Gebed voor en na den maaltijd

Eerste gebed

Verleen ons, goedertieren God,

Uw zegen bij het spijsgenot;

ons door uw milde hand gegeven

En daar Gij 't hong'rend lichaam voedt,

Versterk de hoop in ons gemoed

Op 't eeuwig zalig leven!

Tweede gebed

O God, die al wat ademt, spijst,

En Wien ons hart zijn dank bewijst;

Schenk op de ons toebedeelde gaven

Den zegen die de ziel doorvoedt,

En wis door Jezus' godd'lijk bloed

De vlekken uit in ons gemoed,

Om 't eens met hemelspijs te laven.

Derde gebed

God en vader van ons allen,

Zie op ons met welgevallen,

Gij die alles spijst en voedt!

Zegen deze uw milde gaven,

Die ons 't broze lichaam laven!

Heilig ze ons door Jezus' bloed!

Vierde gebed

Neem, o God die ons verzaadde,
Onzen dank in uw Genade
Voor dez' nieuwe weldaad aan!
Voeg bij de aardse lijfsvoldoening,
In 't genot der schuldverzoening
't Pad des levens in te slaan!

Chassinet-Versje

Chassinet-Versje

In het Latijn en Nederduits

Latijn:

Summo. Opt. Max. Q. Deo[1]

Favente,

Regiaeq.[2] Arausiacae[3] domus

Sub auspiciis,

Almae

Lugd. Batavae[4] palladi

Aeternum splendorem vovet

Inmota semperque sibi constans

Alumni pietas.

---

[1] Deze eerste regel geeft enkele Latijnse afkortingen, die voluit lezen als *Summorum Optimorum Maximorum Quod Deo*, hetgeen "Van de uiterst allerhoogste, van God" betekent.

[2] *Regiaeque*, "en van koninklijke"

[3] *Arausia* is de naam voor het Franse Orange in Latijn.

[4] *Lugdunorum Batavae*, hetgeen "van Leiden" betekent. *Lugdunum Batavorum* is de naam voor Leiden in het Latijn.

Nederlands:

In de gunst van 't Opperwezen
Nooit volprezen,
Onder 't vorstelijk staatsbewind
Veilig in Oranjes handen,
Straal tot 's aardrijks verste stranden,
Leidens school elks ogen blind!
Dit, dit wenst de nooit bezweken
Liefde en trouw, haar steeds gebleken
Van een dankbaar voedsterkind!

www.ingramcontent.com/pod-product-compliance
Lightning Source LLC
Chambersburg PA
CBHW040544170726
48295CB00012B/584